Blumen arrangieren

Neue Akzente für Ihr Zuhause

Blumen arrangieren

Neue Akzente für Ihr Zuhause

Tiina Räsänen · Silke Schönbrunn

Ravensburger Ratgeber
im Urania Verlag

Blumen mit dem gewissen Etwas – so lautet das Motto unseres Buches! Wir möchten Ihnen zeigen, wie Sie mit geringem Aufwand und einfachen Arrangements die natürliche Schönheit von Blumen, aber auch Zweigen, Gräsern, Beeren oder Blättern ins richtige Licht setzen können.

Nicht zuletzt bestimmen die Jahreszeiten unsere Auswahl der Blumen und Farben. So schenkt uns der Frühling blühende Zweige, unzählige Zwiebelgewächse in leuchtenden Gelb-, Orange- und Blaulilatönen. Das Maigrün verleiht Bäumen die Leichtigkeit des Werdens, erste Sonnenstrahlen lassen alle Farben intensiv und klar leuchten. Mit dem Sommer hält die Farbenvielfalt in Gärten, auf Balkonen, Terrassen und Wiesen ihren Einzug. Jetzt können Sie Blumen in allen Farbnuancen kombinieren, genauso wie die Natur es uns vorlebt. Im Herbst verwandelt sich saftiges Grün in Orange-, Gelb-, Braun- und Lachstöne. Die Blätter fallen von den Ästen, doch bleiben uns noch Früchte, Beeren und Ähren erhalten – all dies Elemente, mit denen Sie besondere Akzente setzen können. Der Winter hingegen zeigt uns kühle Farben, nicht nur die Temperaturen sinken, auch die Tage werden kürzer. Der Mensch sehnt sich nach frischem Grün, Kerzenlicht und Wärme.

Für unsere Werkstücke verwenden wir Gefäße aus Glas – ein Material, das dank seiner Transparenz und Schlichtheit vielseitig einsetzbar ist. Darüber hinaus existieren in jedem Haushalt zahlreiche Glasgefäße unterschiedlichster Art, von einfachen Trinkgläsern bis zu exklusiven Obstschalen … Grundsätzlich haben wir darauf geachtet, dass die verarbeiteten Blumen im Rahmen des Erschwinglichen bleiben; zusätzliche Materialien und Schmuckelemente wie beispielsweise Steine, Perlen oder Draht finden sich oftmals in der freien Natur oder aber in Ihren eigenen vier Wänden.

Die hier vorgestellten Arrangements eignen sich sowohl zum Verschenken als auch für die Gestaltung Ihres Ess- und Wohnbereichs. Nach detaillierten Informationen zu Materialien und Werkzeugen erhalten Sie zunächst eine ausführliche Einführung in die spezifische Schnittblumenversorgung – die unverzichtbare Voraussetzung dafür, dass die Werkstücke Ihnen so lange als möglich Freude bereiten. Sodann folgen die einzelnen Arrangements mit anschaulichen Schritt-für-Schritt-Anleitungen und zahlreichen Tipps und Tricks.

Wir wünschen Ihnen viel Schöpferkraft und gutes Gelingen beim floralen Gestalten!

Ihre Tiina Räsänen und Silke Schönbrunn

Zur Einstimmung: Sinnliches Eintauchen in die Natur

Sehen wir während eines Spazierganges eine Wildkräuterwiese, drängt es uns wie in der Kindheit, sofort loszulaufen und einen Blumenstrauß zu pflücken. Ob es wohl die Faszination der Farbenfülle ist? Oder der wunderbare Duft? Oder das Summen der Bienen? Oder die Lebendigkeit der Natur, die uns ruft? Unsere Sinne werden in diesen Minuten besonders angeregt, wir riechen das satte Grün, den Duft der Blüten, wir sehen eine Vielfalt von Farben und Schmetterlingen, hören die Bienen summen und spüren mit den Händen die Weichheit der Gräser.

Wir möchten gerne hier bleiben und merken dabei, wie wir unsere Alltagsspannung loslassen können. Ein warmes angenehmes Gefühl durchströmt uns – die Uhr steht still.

Was uns an diesem Ort geschenkt wird, dürfen wir mit nach Hause nehmen, in Form von Entspannung, Erinnerung und einem Wildkräuterstrauß. Wir können damit die Fensterbank oder den Tisch schmücken, und immer dann, wenn wir uns in diesem Raum befinden, erleben wir noch einmal die Schönheit jenes Augenblicks in der freien Natur.

Tipp:
Selbstverständlich können Sie Ihren Wildkräuterstrauß einfach in die Vase stellen. Doch warum nicht einmal eine horizontale Variante ausprobieren, welche die natürliche Wuchsrichtung von eingearbeiteten Ästen besonders zur Geltung bringt?

Grundausstattung Werkzeuge

Hier finden Sie auf einen Blick die notwendige Grundausstattung, die Sie für Ihre Blumenarrangements benötigen. Am besten bringen Sie Ihre Utensilien in einem Werkzeugkasten unter, der immer erreichbar sein sollte.

Um Wiederholungen zu vermeiden, werden die zur Grundausstattung gehörenden Werkzeuge und Materialien bei den jeweiligen Anleitungen nicht noch einmal gesondert aufgeführt.

Messer

In der Floristik gehört das Messer zu den wichtigsten Werkzeugen. Unter der Vielzahl der auf dem Markt angebotenen Modelle eignen sich am besten Messer mit Stahlklingen, da man mit weichen Klingen schneller abrutschen und sich verletzen kann. Zum Schärfen lassen sich die üblichen Haushaltsschleifgeräte benutzen.

Gartenschere

Für dickere Zweige und Äste benötigen Sie eine Gartenschere. Es lohnt sich auf jeden Fall, eine gute Schere zu kaufen, die bei sorgfältiger Pflege (etwas Öl auf die Gelenkstellen geben und regelmäßig schärfen) langlebig sein wird. Achtung! Benutzen Sie Ihre Gartenschere keinesfalls für Draht, da sie dadurch stumpf wird.

Drahtschere

Drahtschere oder Seitenschneider können zum Abschneiden von Draht und Nägeln eingesetzt werden.

Bandschere

Eine gute Bandschere erleichtert die Arbeit mit Bändern, Kordeln und Stoffen. Achten Sie darauf, die Schere nicht zum Schneiden von Draht oder Blumenstielen zu verwenden.

Zangen

Beim Umgang mit Draht oder Dekorationsnadeln ist eine Flachkneif- oder Kombizange sehr hilfreich. Hiermit können unterschiedliche technische Hilfsmittel oder Konstruktionen festgezogen beziehungsweise zusammengepresst werden.

Heißklebepistole

Eine Heißklebepistole erleichtert die Befestigung von kleinen Dekomaterialien oder das Zusammenkleben von unterschiedlich trockenen Flächen. Der erhitzte Kleber wird bei Raumtemperatur fest und verbindet somit die Materialien, die Sie zusammenkleben möchten. Beim Arbeiten müssen Sie sehr vorsichtig sein, da der transparente Schmelzkleber auf etwa 200 °C erhitzt wird und auf der Haut Verbrennungen verursachen kann (vor Kindern sichern!).

Technische Hilfsmittel

Über die Grundausstattung an Werkzeugen hinaus benötigen Sie folgende technische Hilfsmittel:

Stützdraht
Wie der Name schon sagt, wird dieser Draht zum Stützen von Blumen und Blättern eingesetzt. Sie erhalten ihn grün lackiert in der Drahtstärke 0,8 und 1 mm bei 40 bis 50 cm Länge.

Wickeldraht
Wickeldraht benötigen Sie bei Werkstücken, die mit Draht gebunden werden, wie beispielsweise einem Blüten- oder Adventskranz. Er hat eine Stärke von 0,65 oder 0,7 mm und wird auf Holzstäbe gewickelt.

Bindehilfsmittel
Für Sträuße und Bündelungen ist Natur- oder Raffiabast (gewonnen aus der Raffiapalme) eines der natürlichsten und schönsten Bindehilfsmittel in der Floristik. Wenn Sie mit Natur- oder Raffiabast arbeiten, sollten Sie darauf achten, dass Sie ihn vorher leicht mit den Händen anfeuchten, damit er geschmeidiger wird und beim Zusammenbinden eines Straußes nicht reißt.

Farben und Pinsel
Für Einzelne der hier vorgestellten Arrangements benötigen Sie Farben und Pinsel, um besondere Akzente zu setzen.

In Baumärkten, Hobby- und Schreibwarenläden erhalten Sie Deckfarben in kleinen Verpackungseinheiten. Stehen Ihnen die Grundfarben Blau, Gelb und Rot sowie zusätzlich Weiß und Schwarz zur Verfügung, so können Sie sich die gesamte Farbpalette mischen: Blau und Gelb ergibt Grün, aus Rot und Gelb wird Orange, Violett entsteht aus Rot und Blau. Je nach Mischungsverhältnis lassen sich die Farbtöne nach Belieben verändern, Pastelltöne erhalten Sie durch Zugabe von Weiß, dunklere Töne durch eine Mischung mit Schwarz.
Suchen Sie zwei bis drei unterschiedlich dicke Pinsel aus. Waschen Sie die Pinsel nach dem Gebrauch sorgfältig mit lauwarmem Wasser und Seife aus. Lassen Sie die Pinsel luftig trocknen.

Gips
Für manche Werkstücke benötigen Sie eine geringe Menge Gips. Kleine Packungseinheiten erhalten Sie in Baumärkten oder Bastelgeschäften. Achten Sie darauf, dass Sie zügig arbeiten können, weil Gips sehr schnell trocknet. Beginnen Sie am besten zunächst mit einer kleinen Menge.

Maschendraht
Für den Hobbygärtner gibt es in Gartencentern kleine Rollen Maschendraht. Sie können zwischen Grün und Silber wählen, wobei die grüne Variante zu bevorzugen ist, weil dieser Draht nicht rostet.

Steckmasse

Frischblumensteckmasse ist in Gartencentern sowie in Blumen- und Hobbyfachgeschäften erhältlich. Im Unterschied zur braunen Steckmasse für Trockenblumen ist sie in Grün gehalten. Vor der Verarbeitung muss die Steckmasse schwimmend in einer Schüssel mit Wasser eingeweicht werden. Warten Sie, bis sie sich vollsaugt und von alleine untergeht. Achtung! Drücken Sie die Steckhilfe niemals mit Gewalt unter Wasser. Andernfalls verschließt sich die Oberfläche; die Steckmasse ist nicht mehr saugfähig, wodurch die Wasserversorgung Ihres Gestecks nicht mehr gewährleistet werden kann.

Am kostengünstigsten erhalten Sie die Steckmasse in Ziegelform; sie lässt sich leicht in die gewünschte Form schneiden, nimmt reichlich und schnell Wasser auf und verhindert Fäulnisbildung.

Dieses künstliche Produkt ist verwendbar für alle wasserdichten Gefäße, eignet sich jedoch nur für eine Steckarbeit.

Bitte beachten Sie beim Verarbeiten der Steckmasse, dass bei jedem Stiel, den Sie platzieren, ein Loch entsteht. Deshalb sollten Sie vermeiden, Stiele mehrfach herauszuziehen und wieder hineinzustecken. Die Steckmasse wird sonst instabil und das Werkstück verliert damit an Halt.

Die Hersteller bieten verschiedene Formen aus Steckmasse an. Kranzformen sind in verschiedenen Größen erhältlich und haben umweltfreundliche, gepresste Pappe (Biolitt) oder Kunststoff als Unterbau. Bei einer Biolittunterlage müssen Sie darauf achten, dass der Kranz eine wasserdichte Schale als Präsentationsfläche benötigt. Darüber hinaus finden Sie auch Formen wie z. B. Kegel, Kugeln oder Herzen.

Schmuckgestaltungs- mittel

Mit Schmuckgestaltungsmitteln verschiedenster Art können Sie Ihre Werkstücke verzieren und bestimmte Akzente setzen – Ihrer Fantasie sind dabei keine Grenzen gesetzt. Doch sollten Sie bei der Verwendung von zusätzlichen Gestaltungsmitteln eines niemals vergessen: Weniger ist mehr – und allzu viel Schmuck lenkt von der natürlichen Schönheit Ihres Arrangements ab!

Schmuckdraht

Schmuckdraht ist ein sehr dünner Eisendraht; Sie erhalten ihn in Gold, Silber und Kupfer. Mit ihm können Sie Werkstücke durch Auffädelungen oder Ketten aus pflanzlichen Materialien dekorieren. Schmuckdraht lässt sich mit der Drahtschere schneiden.

Bänder

Bänder sind in der floralen Gestaltung nach wie vor beliebt. Überaus aktuell sind leichte, luftige Varianten, die in modernen Blumenarrangements zusammen mit Glas transparent und schlicht wirken. Bänder sollten trocken und staubfrei gelagert werden; am besten Sie bewahren sie zusammen mit dem Schmuckdraht in einer geschlossenen Kiste auf.

Wickeldraht

Im Baumarkt erhalten Sie viele verschiedene Stärken und Arten von Eisendraht. Die handlichen kleinen Rollen können leicht in einem Werkzeugkasten gelagert werden.

Sonstige Schmuckgestaltungsmittel

Glaskugeln, Glasnuggets, Perlen, Dekosand, Steine, Schmetterlinge und viele weitere kleine Schmuckelemente lassen sich zusätzlich in die Gestaltung einflechten und einstreuen. Alle diese Elemente erhalten Sie in Bastelgeschäften, Gartencentern oder Blumenfachgeschäften.

Schnittblumenversorgung und Pflegetipps

Der richtige Anschnitt

Leider lässt es sich nicht vermeiden, dass jede Schnittblume früher oder später welken wird. Mit dem richtigen Anschnitt jedoch können Sie die Haltbarkeit Ihrer floralen Arbeit spürbar verlängern.

Zum Arbeiten eignet sich am besten ein ruhiger, kühler Ort. Sicherheitshalber sollten Sie rutschfeste Schuhe anziehen. Um abgeschnittene Blätter und Stiele direkt entsorgen zu können, stellen Sie am besten eine Kiste oder einen Eimer bereit.

Halten Sie die Blume schräg in der Hand und verwenden Sie für den Anschnitt stets ein scharfes Messer. Achtung! Die Stiele sollten niemals mit einer Haushaltsschere angeschnitten werden, da diese die Leitungsbahnen zerquetscht und damit die Wasserzufuhr beeinträchtigt.

Wenn Blumen allzu knospig geschnitten werden, können sie weder Blüten noch Farben intensiv entwickeln und welken frühzeitig. Die Schnittreife liegt bei den einzelnen Sorten unterschiedlich; Tulpen beispielsweise werden knospig geschnitten, sollten jedoch unbedingt schon Farbe zeigen.

Je nach Beschaffenheit des Stiels gibt es unterschiedliche Anschnittmethoden:

Weicher, krautiger Stiel: leicht schräger Schnitt (z. B.

Tipps:

● Schneiden Sie Ihre Gartenblumen morgens oder abends ab. So gewährleisten Sie die längste Haltbarkeit für die Blumen.

● Achten Sie auch darauf, dass die Blüten das richtige Entwicklungsstadium erreicht haben; sie sollten nicht allzu knospig sein!

Amaryllis, Hyazinthen, Anemonen, Tulpen, Gerbera).

Harter, krautiger Stiel:

langer, schräger Schnitt (z. B. Rosen, Nelken, Lilien, Eustoma). Entfernen Sie etwa ein Drittel der Blätter von unten.

Blumenarten mit Milchsaft

(z. B. Wolfsmilchgewächse): Anschnittstellen über einer Kerze bzw. einem Feuerzeug anbrennen oder etwa 5 bis 10 cm tief und ein bis zwei Minuten lang in heißes, fast kochendes Wasser so eintauchen, dass die Blüten nicht dem Wasserdampf ausgesetzt sind (anbrühen). Nach dieser Behandlung die Blumen in handwarmes Wasser stellen. Handwarmes Wasser beschleunigt grundsätzlich die Wasseraufnahme, da Wärme die Stoffwechselvorgänge, also auch die Wasseraufnahme der Pflanze aktiviert. Deshalb sollte man vor allem bereits welkende Blumen mit warmem Wasser (30–35 °C) versorgen.

Generell sollten Sie Blumenarten mit Schleimabsonderung, wie beispielsweise Narzissen, nach dem Anschnitt für mindestens eine Stunde gesondert in ein Gefäß stellen. Andernfalls kann ihre Schleimabsonderung die Haltbarkeit anderer Blumensorten einschränken.

Verholzter Stiel:

langer, schräger Schnitt. Schnittstelle aufschlitzen und anbrühen (z. B. Flieder, Schneeball, Olive, Myrte).

Was tun, wenn Blumen vorzeitig welken?

● Eventuell wurde der Anschnitt nicht richtig durchgeführt. In diesem Falle schneiden Sie die Blumen mit dem Messer nochmals an und entfernen weitere Blätter. Sodann wickeln Sie die Blumen (insbesondere Rosen und Ringelblumen) in Zeitungs- oder Packpapier ein und stellen die Stiele für ca. eine Nacht tief ins Wasser, damit die Blüten wieder aufrecht stehen.
● Grundsätzlich sollten Vasen vor der Benutzung sorgfältig geputzt werden, da andernfalls Fäulnisherde begünstigt werden, welche die Schnittblumen vorzeitig welken lassen.
● Achten Sie darauf, ausreichend Wasser in Ihre Vase zu füllen, und kontrollieren Sie regelmäßig den Wasserstand.
● Eine hohe Raumtemperatur beeinflusst die Entwicklung und begünstigt das Verblühen. Eine ebenso negative Wirkung haben direkte Sonnenbestrahlung und Zugluft. Stellen Sie deshalb abends Ihre Schnittblumen in einen kühleren Raum und vermeiden Sie grundsätzlich sonnige Plätze. Auch beim Lüften sollten Schnittblumen umgestellt werden. Besonders empfindlich auf Kälte reagieren

exotische Blüten, so beispielsweise Anthurien, Orchideen und Weihnachtssterne.
● Schnittblumen welken ebenfalls schneller, wenn Obst, Gemüse oder pflanzliche Abfälle in der Nähe stehen. Ursache hierfür ist das so genannte Ethylengas, das bei der Reifung organischer Substanzen entsteht. Stellen Sie deswegen niemals frische und alte Schnittblumen zusammen.

Frischhaltemittel

Setzen Sie Blumenfrischhaltemittel dem Wasser zu. Zum einen enthalten diese zusätzliche Nährstoffe und fördern damit die Entwicklung von Blüten und Knospen. Zum anderen enthalten sie antibakterielle Bestandteile, die das Wasser länger sauber halten und die Vermehrung von Fäulnisbakterien reduzieren. Frischhaltemittel erhalten Sie im Blumenladen oder Gartencenter.

Detailliertere Angaben zur speziellen Versorgung der in diesem Buch verwendeten pflanzlichen Materialien finden Sie auf den Seiten 16–23.

Schnittblumen

Anthurie (Anthurium andraeanum)
Herkunft: Kolumbien
Zeitraum des Angebots:
das ganze Jahr
Haltbarkeit: 10 bis 18 Tage
Besondere Hinweise: die großen
Hochblätter ab und zu mit
lauwarmem Wasser besprühen;
den Stiel alle drei bis vier Tage
frisch anschneiden

Calla (Zantedeschia)
Herkunft: Südafrikanisches
Hochland
Zeitraum des Angebots: aus Ge-
wächshauskultur das ganze Jahr
Haltbarkeit: 10 bis 14 Tage
Besondere Hinweise: nach län-
gerer Zeit ohne Wasser lassen
sich die Stiele biegen und
eventuell mit Draht in die
gewünschte Form bringen

Cymbidien (Cymbidium hookerianum)
Herkunft: Subtropen Ostasiens
Zeitraum des Angebots: das
ganze Jahr
Haltbarkeit: großblumige Sorten
20 bis 40 Tage, kleinblumige
Sorten 14 bis 25 Tage
Besondere Hinweise: unter
fließendem Wasser anschneiden; die Einzelblüten eignen
sich ausgezeichnet für kleinere
floristische Arbeiten; Stiele
regelmäßig frisch anschneiden

Dahlie (Dahlia-Hybriden)

Herkunft: Mexiko

Zeitraum des Angebots: Juli bis Oktober

Haltbarkeit: 6 bis 14 Tage

Besondere Hinweise: täglich frisch anschneiden und das Wasser wechseln

Fackellilie (Kniphofia uvaria)

Herkunft: Südafrika

Zeitraum des Angebots: Mai bis Oktober

Haltbarkeit: 10 bis 15 Tage

Besondere Hinweise: die unteren Blüten müssen laufend entfernt werden

Frauenmantel (Alchemilla mollis)

Herkunft: Ostkarpaten, Kaukasus, Westasien

Zeitraum des Angebots: April bis September

Haltbarkeit: 10 bis 12 Tage

Besondere Hinweise: schräger Anschnitt; in lauwarmes Wasser einstellen

Gartenfuchsschwanz (Amaranthus caudatus)

Herkunft: tropisches bis subtropisches Südamerika

Zeitraum des Angebots: durch Importe aus südlichen Ländern das ganze Jahr; Hauptsaison Mai bis November

Haltbarkeit: 10 bis 14 Tage

Besondere Hinweise: möglichst alle Blätter entfernen; nach dem Anschneiden in kochendem Wasser anbrühen

Gerbera (Gerbera-Hybriden)

Herkunft: Südafrika

Zeitraum des Angebots: das ganze Jahr

Haltbarkeit: 8 bis 15 Tage

Besondere Hinweise: in wenig Wasser einstellen; eventuell mit Draht stützen; das Wasser regelmäßig wechseln

Goldrute (Solidago-Hybriden)

Herkunft: USA/Kanada

Zeitraum des Angebots: Mai bis Oktober

Haltbarkeit: 8 bis 10 Tage

Besondere Hinweise: verholzte Stiele schräg anschneiden und mit kochendem Wasser anbrühen; möglichst viele Blätter entfernen (vor allem bei angetriebenem Solidago)

Herzenskelch (Eucharis amazonica)

Herkunft: Anden, Kolumbien

Zeitraum des Angebots: Dezember bis August

Haltbarkeit: 7 bis 10 Tage

Besondere Hinweise: täglich neu anschneiden; nicht zu tief ins Wasser einstellen; es ist meist nur eine Blüte ganz geöffnet

Hortensie (Hydrangea macrophylla)

Herkunft: Japan

Zeitraum des Angebots: April bis September

Haltbarkeit: 10 bis 12 Tage

Besondere Hinweise: langer schräger Anschnitt; Stiele anbrühen; Blätter entfernen; auch zum Trocknen geeignet

Lavendel (Lavandula angustifolia)

Herkunft: Europa

Zeitraum des Angebots: Spätsommer

Besondere Hinweise: sollte immer trocken und dunkel gelagert werden; eignet sich besonders gut zum Trocknen

Mimose (Acacia saligna)

Herkunft: Ostaustralien, an der Riviera eingeführt

Zeitraum des Angebots: Januar bis März

Haltbarkeit: 12 bis 15 Tage

Besondere Hinweise: verholzte Stiele schräg anschneiden und in lauwarmes Wasser stellen

Nelke, großblumig (Dianthus caryophyllus)

Herkunft: Mittelmeerregion, meist nur aus Kulturen bekannt

Zeitraum des Angebots: aus Gewächshaus das ganze Jahr; auch Importe aus südlichen Ländern

Haltbarkeit: 6 bis 10 Tage

Besondere Hinweise: Schnittstellen nachschneiden; regelmäßig das Wasser wechseln

Rose (Rosa-Flaribunda-Grandiflora/Rosa-Polyantha-Hybriden)

Herkunft: Zuchtformen

Zeitraum des Angebots: das ganze Jahr

Haltbarkeit:

8 bis 18 Tage je Sorte
Besondere Hinweise: tief ins
Wasser einstellen; langer,
schräger Anschnitt

Schmuckkörbchen/Kosmeen (Schoko Kosmeen/Cosmos Black Beauty)

Herkunft: Mexiko
Zeitraum des Angebots:
Juli bis Oktober
Haltbarkeit: 4 bis 6 Tage
Besondere Hinweise: schräger
Anschnitt; besonders vorsichtig
mit der Blüte umgehen

Tulpen (Tulipa gesneriana)

Herkunft: Zuchtformen,
Wildformen aus dem Orient
Zeitraum des Angebots:
insbesondere Dezember bis
Mai
Haltbarkeit: 5 bis 8 Tage
Besondere Hinweise: unterste
Blätter entfernen; nur in wenig
Wasser einstellen; niemals mit
Narzissen kombinieren

Vergissmeinnicht (Myosotis sylvatica)

Herkunft: Europa, Kleinasien,
Mittelasien, Nordwestafrika
Zeitraum des Angebots:
März bis Mai
Haltbarkeit: 7 bis 10 Tage
Besondere Hinweise:
möglichst viele Blätter
entfernen; Stiele anschneiden
und anbrühen; unbedingt die
Schnittreife beachten

Winterrosette (Anthriscus sylvestris)

Herkunft: Europa
Zeitraum des Angebots:
Juni bis August
Haltbarkeit: 8 bis 10 Tage
Besondere Hinweise: schräger
Anschnitt; Blätter entfernen;
besonders gut zum Trocknen
geeignet

Schnittgrün und Fruchtstände

Ballongrün (Asclepias fruticosa)

Herkunft: Südafrika
Zeitraum des Angebots:
Mai bis September
Haltbarkeit: 10 bis 14 Tage
Hinweise: Schnittstellen anbrennen; wegen Milchsaftverlust
unnötige Blattflächen entfernen

Bärengras (Xerophyllum asphodeloides)

Herkunft: USA
Zeitraum des Angebots:
das ganze Jahr
Haltbarkeit: 14 bis 20 Tage
Besondere Hinweise: mit der
Gartenschere anschneiden;
kann auch getrocknet eingesetzt
werden

Binsenkaktus (Rhipsalis baccifera)

Herkunft: Mittel- und
Südamerika
Zeitraum des Angebots:
das ganze Jahr
Haltbarkeit: 6 bis 8 Wochen

Datteln (Phoenix canariensis)

Herkunft: Kanarische Inseln
Zeitraum des Angebots:
das ganze Jahr
Haltbarkeit: 14 bis 20 Tage
Besondere Hinweise: regelmäßig
mit Wasser besprühen; können
auch getrocknet verarbeitet
werden

Duftblattgeranie (Pelargonium graveolens)
Herkunft: Afrika
Zeitraum des Angebots:
das ganze Jahr
Haltbarkeit: die Blätter halten
sich sehr gut
Besondere Hinweise: intensiv
riechende Blätter

Efeu (Hedera canariensis)
Herkunft: Kanarische Inseln,
Azoren, Portugal, Nordwestafrika
Zeitraum des Angebots:
das ganze Jahr
Haltbarkeit: 15 bis 30 Tage
Besondere Hinweise:
ausreichende Wasserversorgung
sicherstellen

Galaxblatt/Bronzeblatt (Galax urceolata)
Herkunft: USA, Mittelamerika
Zeitraum des Angebots:
das ganze Jahr
Haltbarkeit: 10 bis 30 Tage
Besondere Hinweise:
anschneiden mit dem Messer;
kann einige Tage auch ohne
Wasser auskommen

Hagebuttenrose/Hundsrose (Rosa canina)
Herkunft: Europa, Vorder- bis
Mittelasien, Nordafrika
Zeitraum des Angebots:
September bis Dezember
Haltbarkeit: 14 Tage
Besondere Hinweise: alle Blätter
entfernen

Holunder (Sambucus racemosa)
Herkunft: Europa
Zeitraum des Angebots:
Spätsommer
Haltbarkeit: die grünen Trauben
halten sich lange
Besondere Hinweise: Stiele
anbrühen; saftige schwarze
Trauben entfernen

Hopfen (Humulus lupulus)
Herkunft: Europa, Kaukasus,
Westsibirien, Kleinasien, in den
USA eingebürgert
Zeitraum des Angebots:
Juli bis September;
getrocknet das ganze Jahr
Haltbarkeit: 3 bis 4 Wochen
Besondere Hinweise: zum
Trocknen geeignet

Jungfer im Grünen (Nigella damascena)
Herkunft: Mittelmeerregion,
Kleinasien, Kanarische Inseln
Zeitraum des Angebots:
Juni bis September
Haltbarkeit: 2 bis 6 Tage
Besondere Hinweise: möglichst
viele Blätter und weiche
Seitentriebe entfernen

Knöterich, chinesischer (Fallopia japonica)
Herkunft:
Zeitraum des Angebots:
September bis Oktober
Haltbarkeit:
getrocknet unbegrenzt
Besondere Hinweise: zum
Trocknen in ein Gefäß ohne
Wasser einstellen

Korallenfarn (Gleichenia polypodioides)
Herkunft: Australien, Tasmanien
Zeitraum des Angebots:
das ganze Jahr
Haltbarkeit: 8 bis 10 Tage
Besondere Hinweise: die Blätter
feucht absprühen und zum
Lagern mit Folie abdecken; eig-
net sich zum Trocknen

Lampionblume (Physalis alkekengi)
Herkunft: Europa bis Westasien
Zeitraum des Angebots:
August bis Oktober, getrocknet
das ganze Jahr
Haltbarkeit: bis 20 Tage
Besondere Hinweise: nicht zu
feucht lagern; aufhängen

Mahonie (Mahonia aquifolium)
Herkunft: Nordamerika
Zeitraum des Angebots:
August bis April
Haltbarkeit: 12 bis 16 Tage
Besondere Hinweise: holzige
Stiele sollten angebrüht werden

Maisblätter (Zea mays)
Herkunft: Mexiko
Zeitraum des Angebots:
nur im Spätsommer erhältlich
Haltbarkeit: die Blätter eignen
sich ausgezeichnet zum Trocknen

Minze, grüne (Mentha Spicata)
Herkunft: Mittelmeerraum
Zeitraum des Angebots:
das ganze Jahr
Haltbarkeit: eignet sich

besonders gut zum Trocknen
Besondere Hinweise: duftet sehr
intensiv

Muehlenbeckia (Muehlenbeckia adpressa)

Herkunft: Tasmanien, Australien
Zeitraum des Angebots:
das ganze Jahr
Haltbarkeit: 6 bis 8 Tage
Besondere Hinweise: untere
Blätter entfernen; Wasser-
versorgung gewährleisten

Schachtelhalm/ Riesenschachtelhalm (Equisetum giganteum)

Herkunft: tropisches Südamerika
Zeitraum des Angebots:
das ganze Jahr
Haltbarkeit: 14 Tage
Besondere Hinweise: im Bund
mit der Gartenschere anschneiden; zum Konstruieren von Formen und zum Flechten geeignet

Schneeball, gemeiner (Viburnum opulus)

Herkunft: Europa und Asien
Zeitraum des Angebots:
Oktober bis Dezember
Haltbarkeit: 14 Tage
Besondere Hinweise: möglichst
alle Blätter entfernen; Stiele
anbrühen

Silberblätter (Lunaria)

Herkunft: Europa
Zeitraum des Angebots:
das ganze Jahr
Haltbarkeit: unbegrenzt
Besondere Hinweise: Silber-
blätter werden im getrockneten

Zustand geschnitten und
müssen dementsprechend nicht
mehr mit Wasser versorgt
werden; trocken lagern

Spargelkraut, echtes (Asparagus officinalis)

Herkunft: Europa, Nordafrika,
Vorderasien, Westsibirien
Zeitraum des Angebots:
Juli bis Oktober
Haltbarkeit: 10 bis 14 Tage
Besondere Hinweise: ausgereifte
Triebe verwenden

Thymian (Thymus vulgaris)

Herkunft: Afrika
Zeitraum des Angebots:
Juli bis November
Haltbarkeit: 10 bis 12 Tage
Besondere Hinweise: schräger
Anschnitt; eignet sich zum
Trocknen; wird auch für die
Kräuterküche verwendet

Typhablätter, schmalblättrig (Aristea africana)

Herkunft: USA, Australien, Afrika
Zeitraum des Angebots:
das ganze Jahr
Haltbarkeit: 10 bis 14 Tage
Besondere Hinweise: Wasserversorgung gewährleisten in
einem Gefäß oder in Folie ver-
packt

Wilder Wein/Zierwein (Parthenocissus)

Herkunft: Europa
Zeitraum des Angebots:
Juli bis Oktober
Haltbarkeit: 4 bis 8 Tage

Besondere Hinweise: schräg
anschneiden

Wolfsmilchgewächs, getrocknet (Euphorbia)

Herkunft: Afrika, Japan, China,
West-Indien, Iran, Bhutan
Zeitraum des Angebots:
das ganze Jahr
Haltbarkeit: mehrere Wochen
Besondere Hinweise: die
verästelten Zweige werden meist
im halbtrockenem Zustand
verarbeitet und können deshalb
in einem Karton aufbewahrt
werden

Zierspargel, glanzblättriger (Asparagus asparagoides)

Herkunft: Kapland, Südafrika
Zeitraum des Angebots:
das ganze Jahr
Haltbarkeit: 6 bis 10 Tage
Besondere Hinweise: nicht zu
dicht einstellen, sonst entstehen
Fäulnisherde

Blumen und Glas

Für unsere Werkstücke bevorzugen wir Gefäße aus Glas – und dies nicht von ungefähr! Denn Glas verkörpert das Klare, Schlichte und Zerbrechliche; die meisten Gefäße sind transparent, ermöglichen überraschende Einblicke in die Gestalt eines floralen Arrangements und unterstreichen so seine Schönheit. Auch stabilen, kompakten Werkstücken verleihen Glasvasen eine gleichsam schwebende Leichtigkeit. Gleichzeitig betonen Blumen ihrerseits die Qualitäten von Glas; die Gefäße leben vom Zusammenspiel von Innenleben und Hintergrund; duftiglockere Zusammenstellungen ermöglichen Freiräume und Durchblicke, welche den fragiltransparenten Charakter des Materials noch besser zur Geltung bringen.

Bereits die alten Ägypter kannten die Geheimnisse der Glasherstellung. Allerdings gestaltete sich die Produktion langwierig und aufwendig, sodass Glasobjekte über Jahrtausende als Luxusgüter galten, die nur Wenigen vorbehalten waren. Erst die Massenfertigung während der Industrialisierung ermöglichte es, dass wir heute Glas selbstverständlich als Gestaltungselement in unseren vier Wänden einsetzen können. Daneben gibt es aber auch in unseren Tagen Glashütten (beispielsweise auf Murano, in Bayern oder Südschweden), die künstlerische Glasobjekte nach wie vor handgefertigt in die ganze Welt exportieren.

Glas besteht in erster Linie aus Quarzsand, Soda und Kalk. Die Rohstoffmischung wird in großen Schmelzgefäßen bei einer Temperatur von etwa 1400 °C verflüssigt; nach verschiedenen Schmelzvorgängen entsteht durch Abkühlung eine gestaltlose, lichtdurchlässige und zähe Masse, die sich formen und je nach Bedarf weiterverarbeiten lässt. Wird Altglas eingesetzt, kann viel Energie gespart werden, da die Schmelztemperaturen niedriger sind. Je nach Verwendungszweck und Mischungsverhältnis der verwendeten Rohstoffe lassen sich verschiedene Glasarten unterscheiden. Am verbreitetsten ist das so genannte Normal- oder Sodaglas, aus dem Fensterscheiben, Flaschen und Trinkgläser bestehen. Es wirkt farblos mit einem leicht grünlichen Schimmer und kann durch Zugabe bestimmter Metalloxide nach Wunsch eingefärbt werden. Kostbarer, doch inzwischen ebenfalls weit verbreitet, ist das Kristallglas, das durch intensivere Lichtreflexe und einen speziellen Schliff eine besondere Oberflächengestaltung aufweist.

Neben den bereits aufgeführten ästhetischen Vorteilen hat die Verwendung von Glasgefäßen auch praktische Pluspunkte: So erleichtert die Transparenz des Materials die Pflege Ihrer Blumenarrangements; der Wasserstand lässt sich klar erkennen und kontrollieren. Darüber hinaus finden sich in jedem Haushalt die unterschiedlichsten Glasgefäße, seien es nun Vasen im eigentlichen Sinne, Schüsseln, flache Schalen oder die verschiedensten Weingläser. Schauen Sie sich einfach um und experimentieren Sie! Grundsätzlich sollten Glasgefäße sanft und vorsichtig behandelt werden. Nach Gebrauch waschen Sie sie am besten mit lauwarmem Wasser und glanzsteigerndem Spülmittel ab. Anschließend werden Sie mit einem nichtfasernden Tuch abgetrocknet. Die Gefäße sollten stets stoßsicher gelagert werden.

Tipp:
Bei den hier vorgestellten Werkstücken werden oftmals Reagenzgläser eingesetzt. Diese erhalten Sie in unterschiedlichen Größen in Blumengeschäften, Bastelläden oder Apotheken.

Grundregeln zum Binden eines Straußes

Bei Rechtshändern ist die linke Hand die Haltehand, die rechte Hand legt die Stiele an. Beginnen Sie mit dem Anlegen des ersten Blütenstiels, zwischen Daumen, Zeigefinger und Mittelfinger. Je nach Beschaffenheit des Stiels gibt es unterschiedliche Schwierigkeitsgrade; z. B. sind Rosen einfacher zu binden als dickfleischige Blumenstiele wie Herzenskelche. Bei zunehmender Blumenanzahl gleiten die Stiele dann in die ganze Hand. Die Stiele werden spiralförmig, in einer Bewegungsrichtung angelegt (wie bei einem Mikadospiel). Vermei-

den Sie Überschneidungen der Stiele, da diese die Festigkeit der Bindestelle beeinträchtigen können. Zum Abschluss binden Sie den Bindebast im unteren Drittel des Straußes um den Kreuzpunkt, wickeln den Bast fünf- bis siebenmal um den Kreuzpunkt und verknoten fest die beiden Bastenden. Die Bindestelle sollte schmal, fest und sauber sein. Die Stiele unterhalb der Bindestelle werden zunächst mit einer Gartenschere gerade abgeschnitten und danach mit einem scharfen Messer schräg angeschnitten. Um eine gleichmäßige Wasserversorgung

zu gewährleisten, sollten alle Stiele die gleiche Länge haben.

Vergissmeinnichtstrauß

■ Material
30–40 Stiele Vergissmeinnichtblüten
5 Stiele Ballongrün
5 Stiele Korallenfarn
3–4 Stiele Thymian
10 Blätter Duftgeranie
3–5 Stiele Mahonienbeeren
7 Stiele Frauenmantel
Perlen Blau, Schmuckdraht Blau
Glasmurmeln Hellblau
Drahtschere, Bindebast
Glasvase

1. Versorgen Sie die Blumen und das Grün wie auf S. 16–23 beschrieben.

2. Füllen Sie die Glasvase mit Wasser und verteilen Sie die Murmeln im Gefäß.

3. Legen Sie die Schnittblumen nach Arten getrennt auf den Tisch. Binden Sie den Strauß nach den beschriebenen Grundregeln. Achten Sie dabei darauf, dass der Strauß von allen Seiten kuppelförmig wird. Um die Form in ihrer Gesamtheit besser beurteilen zu können, drehen Sie den Strauß am besten in der Hand.

4. Binden Sie den Strauß mit Bast zusammen und schneiden Sie die Stiele mit der Gartenschere ab. Anschließend werden die einzelnen Stiele mit dem Messer schräg angeschnitten. Achten Sie darauf, dass die Stiele nicht zu kurz werden, damit die Wasserversorgung gewährleistet wird.

5. Schneiden Sie ca. 1 m von dem Schmuckdraht ab und fädeln Sie etwa 12 blaue Perlen auf. Bereiten Sie auf diese Weise drei bis fünf Ketten vor.

6. Legen Sie die vorbereiteten Ketten vorsichtig über den Strauß, ohne Blüten zu beschädigen, und befestigen Sie die Drahtenden an den Blütenstielen.

7. Stellen Sie den Strauß in die mit Wasser gefüllte Vase.

Tipp:
Dieser Strauß eignet sich ausgezeichnet als Frühlingsgruß zum Verschenken oder zum Schmücken einer Kaffeetafel. Passend zu diesem Strauß können Sie aus den verbleibenden Perlen und Golddraht filigrane Serviettenringe formen.

Bunte Rosensträuße

■ **Material**
ca. 30 kurze Rosen
15–20 Stiele Muehlenbeckiaranken
9 Stiele Frauenmantel
6 Stiele Viburnumbeeren
(Schneeball)
Naturbast
3 niedrige Glasgefäße von
gleicher Größe

1. Die bunten Rosen werden
von Blättern und Stacheln bis
zum Blütenkopf entfernt. Frauenmantel und Viburnen versorgen Sie wie auf S. 18 und 22
beschrieben.

2. Sortieren Sie die Materialien
und teilen Sie sich die Menge
der Schnittblumen in drei gleiche Teile auf.

3. Beginnen Sie mit der ersten
Rose – sie ist der Mittelpunkt des
Straußes. Anschließend legen Sie
an die erste Rose einen Stiel
Frauenmantel, sodann einen
Stiel Viburnum. Die zweite und
dritte Rose setzen Sie etwas tie-
fer ein, sodass langsam eine
Kuppelform entsteht. Verteilen
Sie die restlichen Rosen, Frauen-
mantel und Viburnen rundum zu
einer gleichmäßigen Streuung.
Stellen Sie den Strauß wie eine
Getreidegabe gebunden zusam-
men. Beachten Sie, dass sich die
Stiele nicht überkreuzen, damit
diese beim Zusammenbinden
nicht gequetscht werden.

4. Binden Sie mit Naturbast,
den Sie vorher mit den Händen
angefeuchtet haben, den ersten
Strauß zusammen. Fertigen
Sie auf diese Weise zwei weitere
kleine Rosensträuße an.

5. Legen Sie vorsichtig die
Muehlenbeckiaranken kreisförmig über die Rosensträuße.

6. Schneiden Sie die Stiele der
Sträuße den Glasgefäßen ent-
sprechend zurecht. Achten Sie
darauf, dass alle drei Sträuße
dieselbe Höhe haben und auf
dem Gefäß aufsitzen.

Tipps:
● Sie können die bunten
Rosensträuße in einer Reihe
aufstellen oder auf Ihrer
Festtafel gruppieren. Streuen
Sie anschließend einige
Rosenblütenblätter mit ein,
um eine optische Verbin-
dung wischen den Rosen-
sträußen und Ihrer Festtafel
zu schaffen.
● Wählen Sie die Farben der
Rosen passend zu Tischtuch,
Servietten und Tafelgeschirr
aus, um ein harmonisches
Gesamtbild zu schaffen.

Orchideenblüten auf Schneckenfüßen

■ **Material**

10 Cymbidienblüten (es reichen
1–2 Stiele, von denen die
Blüten abgeschnitten werden)
10 Muehlenbeckiaranken (frisch
oder getrocknet)
3 Stiele Efeu mit Beeren oder
Blüten
10 bauchige Gläser
Aludraht
Glasmurmeln Transparent
Drahtschere, Zange

1. Versorgen Sie die Blüten und
das Grün wie auf S. 16–23 beschrieben.

2. Nehmen Sie die bauchigen
Gläser und die Aludrahtrolle;
schneiden Sie von der Rolle pro
Glas zwei ca. 40 cm lange Stücke
mit der Drahtschere ab.

3. Formen Sie aus beiden Enden
eine Schneckenform.

4. Drehen Sie die Drahtstücke
jeweils einzeln um die Glas-
öffnung. Arbeiten Sie dabei von
der Mitte ausgehend und achten
Sie darauf, dass die Schnecken
nach unten zeigen. So erhält
jedes Glas vier Schnecken als
Füße.

5. Füllen Sie die Gläser mit
Wasser und stellen Sie die Blüten in die Gefäße. Achten Sie
darauf, dass alle Stiele tief im
Wasser stehen.

6. Verteilen Sie die Muehlenbeckiaranken zwischen Blüten
und Gläsern. Frische Ranken
benötigen Wasser, getrocknete
können hingegen einfach auf
den Tisch gelegt werden.

7. Verteilen Sie abschließend
einige Glasmurmeln als
Schmuckelemente auf dem
Tisch.

Tipps:
● Diese Orchideen lassen
sich hervorragend als Tisch-
dekoration verwenden.
Dabei können Sie die Gläser
mit den Schneckenfüßen
nach Belieben streuen oder
streng als Linie beziehungsweise Quadrat anordnen.
Die Gläser wirken aber auch
einzeln für sich.
● Die Cymbidienblüten sind
lange haltbar, wenn die Stiele regelmäßig frisch angeschnitten werden.

Blütentraum

■ Material
ca. 40 verschiedene kurze,
bunte Blüten und Beeren
(z. B. Rosen, Frauenmantel,
Hortensien, Minze, Lavendel,
Holunder, Schleierkraut,
Vergissmeinnicht)
10 Teelichter Orange
Dekosand Weinrot
Perlen Gelb
Schmuckdraht Gold
20 alte Trinkgläser in verschiedenen Größen (z. B. Wein-
oder Sektgläser)
5 hohe Gläser

1. Versorgen Sie Schnittblumen
und Beeren wie auf S. 16–23
beschrieben.

2. Ordnen Sie 15 Gläser mittig
auf einer Tischplatte an, sodass unterschiedlich hohe Gefäße eine Gruppe bilden. Füllen
Sie die Gläser mit Wasser.

3. Füllen Sie auch die restlichen
fünf Gläser mit Wasser und ar-
rangieren Sie diese. Lassen Sie je
Glas ein Teelicht schwimmen.

4. Füllen Sie die fünf hohen Gläser zu drei Vierteln mit Dekosand und setzen sie jeweils ein
Teelicht in die Gläser.

5. Verteilen Sie Blumen und
Beeren ganz nach Belieben auf
die einzelnen Gläser. Achten
Sie darauf, Ihr Arrangement auf
unterschiedlichen Höhen und

Tiefen zu gestalten; falls not-
wendig, kürzen Sie die Stiele mit
dem Messer.

6. Schneiden Sie 1 m Golddraht ab und fädeln Sie ca. 12
Perlen auf. Fertigen Sie drei bis
fünf solcher Ketten an. Legen
Sie die Ketten vorsichtig um
beziehungsweise auf die Blüten
und befestigen Sie die Enden an
den Blütenstielen.

> **Tipp:**
> Dieses Blumenarrangement
> können Sie sehr vielfältig
> einsetzen. Durch Farben und
> Formen der Blüten lässt sich
> die Stimmung dem Anlass
> entsprechend variieren, so
> wirken zarte Rosen roman-
> tisch, gelbe Tulpen hingegen
> frisch und fröhlich.

Schoko und Sahne

■ **Material**
30 Schmuckkörbchen
(Schokokosmeen)
30 Stiele Winterrosette oder
Wilde Möhre (abgeblüht)
ca. 24 Glasnuggets
flache Glasschale

1. Versorgen Sie die Schmuckkörbchen wie auf S. 19 beschrieben.

2. Entfernen Sie die Blätter von
den Winterrosetten (ca. 10 cm
von unten). Schneiden Sie
die Stiele mit der Gartenschere
gleichmäßig ab.

3. Verwenden Sie abgeblühte
Wilde Möhre, schneiden Sie die
Stiele ebenfalls mit der Gartenschere gleichmäßg ab und entfernen die Blätter.

4. Nehmen Sie die flache Glasschale und füllen Sie diese mit
Wasser.

5. Verteilen Sie die Glasnuggets
in der Schale.

6. Stecken Sie die Winterroset-
tenstiele gleichmäßig in die
Schale, sodass sich die Fruchtstände auf gleicher Höhe befinden.
Als Variante können Sie die Blüten auch gruppieren – oder
aber in unterschiedlichen Höhen
und Tiefen einsetzen.

7. Stecken Sie die Schmuckkörbchen durch die Winter-
rosettenstiele und verteilen Sie
die Blüten gleichmäßig in der
Schale.

Tipps:
● Die leichte, luftige Zusam-
menstellung aus trockenen
und frischen Materialien ist
der ideale Blickfang für Ihre
Wohnung.
● Die Schmuckkörbchen duf-
ten leicht nach Kakaopulver.
● Im Frühjahr können Sie
statt der Schmuckkörbchen
auch Mohn, Ranunkeln oder
Tazetten für dieses Arrangement verwenden.
● Schmuckkörbchen gibt es
auch als Gartenblumen in
Weiß und verschiedenen
Rosatönen. Diese Blüten sind
größer und haben feine
seidenartige Blütenblätter.
Blütezeit für diese Variante
sind Spätsommer und
Herbst.
● Grundsätzlich lassen sich
mit Kosmeen auch andere
Zweige beziehungsweise
Fruchtstände aus Ihrem Gar-
ten oder der freien Natur
kombinieren. Berücksichti-
gen Sie dabei die spezifische
Schnittblumenversorgung.

Fernöstliche Tischdekoration

■ Material

exotisches Gemüse (z. B. Chili-
schoten, weiße und gelbe Mini-
auberginen)
asiatische Früchte (z. B. Lychees,
Limetten)
Silberblätter
Lampionblumen
Blättchen von glanzblättrigem
Zierspargel
Schaschlikspieße natur
Trockensteckmasse
Dekosand Schwarz
Heißklebepistole
2 flache Glasschalen

Tipp:
Besorgen Sie Blüten, Früchte
und Gemüse höchstens zwei
Tage, bevor Sie diese verwenden möchten. Denn nur fri-
sches Material lässt sich stabil und leicht verarbeiten.

1. Schneiden Sie die Trockensteckmasse der Länge nach durch.

2. Kleben Sie die Trockensteckmasse mit der Klebepistole
in die flachen Glasschalen,
sodass ein äußerer Rand von
ca. 1 cm frei bleibt.

3. Nehmen Sie die Schaschlikspieße und schichten Sie verschiedene Zierspargelblättchen,
Gemüse und Früchte im Wechsel
auf, sodass sie farblich miteinander harmonieren. Die einzelnen Spieße sollten in der
Höhe variieren.

4. Zum Abschluss der
Schmucksäulen können Sie eine
Blüte, Frucht oder Gemüse als
„Dach" auf die Spitze stecken.
So erhalten die Spieße einen
Stupa-Charakter.

5. Für den Fuß der Spieße
schneiden Sie eine der größten
Früchte beziehungsweise Gemü-
searten in der Mitte durch.
Legen Sie diese mit der auf-
geschnittenen Seite auf den
Tisch und stecken Sie den
aufgeschichteten Spieß in die
Mitte.

6. Schieben Sie den geschichte-
ten Schaschlikspieß hindurch,
bis er etwa 2 cm unterhalb des
„Sockels" herausragt.

7. Richten Sie den dekorierten
Spieß auf und stecken Sie ihn in
die vorbereitete Trockensteckmasse, sodass er kerzengerade
in der Schale steht.

8. Platzieren Sie alle Schmucksäulen versetzt in den Glasschalen.

9. Wenn Sie sämtliche Schmucksäulen gut befestigt haben,
streuen Sie Dekosand auf die
Trockensteckmasse und um den
Rand innerhalb des Glasgefäßes.

Nelken neu gestaltet

■ **Material**
20 gelbe Nelken
Perlen Gelb in zwei Größen
Stecknadeln
Silberdraht dick und dünn
Glaskugeln oder Glasnuggets
7 Reagenzgläser
flache Glasschale

1. Versorgen Sie die Nelken wie auf S. 18 beschrieben.

2. Nehmen Sie eine Nelkenblüte und stecken Sie zwei gelbe Perlen mithilfe einer Stecknadel von oben in die Blüte. Schmücken Sie auf diese Weise auch die restlichen Nelken.

3. Nehmen Sie die 7 Reagenzgläser und bündeln Sie die Gläser zusammen. Binden Sie die Bündelung mit Silberdraht an zwei Stellen oben und unten fest. Achten Sie darauf, dass sich alle Reagenzgläser auf der gleichen Höhe befinden, damit sie eigenständig stehen bleiben.

4. Füllen Sie die Reagenzgläser mit Wasser.

5. Nehmen Sie 7 Nelken und schneiden Sie die Stiele auf ca. 40 cm Länge. Stecken Sie die Nelken in die Reagenzgläser.

6. Halten Sie die Bündelung mit Reagenzgläsern und Nelken in der Hand. Nehmen Sie die restlichen Nelken und ordnen Sie die Stiele kreisförmig in die Reagenzgläser, sodass die Blüten eine gleichmäßige Fläche bilden.

7. Binden Sie die Stiele mit dünnem Silberdraht zusammen. Wickeln Sie den Draht spiralförmig in der unteren Mitte des Straußes um die Nelkenstiele. Umwickeln Sie den Strauß am unteren Drittel und unterhalb der Blüten mehrmals mit dickem Silberdraht.

8. Stellen Sie die gebündelten Reagenzgläser samt Blumen mittig in die Glasschale, fixieren Sie den Strauß mit den Glasnuggets und füllen Sie Wasser in das Gefäß.

Kranz aus Beeren und Blüten

■ **Material**
6 Stiele verzweigte Rosen
3 Stiele Hopfen
2 Stiele Korallenfarn
2 Stiele Viburnumbeeren
1 Bund Jungfer im Grünen
1 Hortensienblüte
Muehlenbeckiaranken
Kranzunterlage Ø 20 cm
Schmuckdraht Gold
Kokosfasern Weinrot
Dekosand Weinrot, Kerze Weiß
hohes Glasgefäß
flache Glasschale Ø 25–30 cm

1. Versorgen Sie die Blüten und das Grün wie auf S. 16–23 beschrieben.

2. Weichen Sie die Kranzunterlage wie auf S. 12 erklärt ein.

3. Füllen Sie das hohe Glasgefäß zu ca. einem Drittel mit Dekosand und setzen Sie die Kerze ins Gefäß.

4. Legen Sie die Schnittblumen sortiert auf Ihre Arbeitsfläche.

5. Formen Sie aus Muehlenbeckiaranken einen Kreis von etwa 20 cm Innendurchmesser. Legen Sie diese von außen auf die Unterlage, sodass der Kranz auf der Tischplatte liegt.

6. Nehmen Sie die Golddrahtrolle und befestigen Sie das Drahtende an den Muehlenbeckiaranken. Umwickeln Sie den Kranz mehrmals fest mit dem Draht. Verteilen Sie anschließend etwas von den Kokosfasern auf dem Kranz.

7. Schneiden Sie Beeren und Blüten mit dem Messer schräg an; lassen Sie dabei ca. 2 cm vom Stiel übrig. Stecken Sie Blumen und Beeren immer reihenweise von außen nach innen. Mischen Sie die verschiedenen Arten, sodass sie gleichmäßig über den ganzen Kranzkörper verteilt sind. Die Stiele sollten tief in die Kranzunterlage gesteckt werden, um Wasserversorgung und Haltbarkeit zu gewährleisten. Achten Sie darauf, dass keine Steckmasse zu sehen ist.

8. Sodann verteilen Sie weitere Kokosfasern, die leicht und luftig auf der Unterlage liegen. Abschließend können Sie noch etwas Golddraht um der Kranz wickeln.

9. Legen Sie den Kranz auf eine flache Glasschale. Stellen Sie das hohe Glasgefäß samt Kerze in die Mitte des Kranzes. Gießen Sie alle zwei bis drei Tage vorsichtig etwas Wasser auf den Kranz, um die Haltbarkeit zu verlängern.

Tipps:
● Sie können den Kranz auch mit schönen Früchten gestalten.
● Der Kranz eignet sich zum Trocknen.

Rund um die Kerze:
Bereits im alten Rom scheinen Kerzen im heutigen Sinne bekannt gewesen zu sein, doch erst in den Klöstern des Mittelalters wurde ihre Herstellung mit Bienenwachs verfeinert. Auch in unseren Tagen wird teilweise noch Bienenwachs verwendet, zumeist bestehen Kerzen inzwischen aber aus Paraffin und Stearin.

Pflegetipps:
● Kerzen sollten trocken, kühl und staubfrei gelagert werden.
● Spitzkerzen sollten Sie flach liegend aufbewahren, andernfalls können sie sich verbiegen.
● Farbige Kerzen sollten in Papier gewickelt gelagert werden, weil sich die Farbe durch starke Lichteinstrahlung verändern kann.
● Verschmutzte Kerzen können Sie mit Spiritus oder mit Babyöl und einem weichen Lappen abwischen.

Reihung mit Weinflaschen

■ Material

10–12 Stiele Gartenfuchs-
schwanz
10–12 Stiele Gräser Ihrer Wahl
6 Stiele glanzblättriger Zierspargel
ca. 8 dekorative Weinflaschen

1. Versorgen Sie den Gartenfuchsschwanz wie auf S. 18
beschrieben. Entfernen Sie beim
Zierspargel ebenso wie bei den
Gräsern die unteren Blätter
und schneiden Sie diese mit einem schrägen Schnitt an.

2. Reinigen Sie die Weinflaschen
und entfernen Sie die Etiketten.
Füllen Sie die Flaschen mit Wasser.

3. Wenn Sie in Ihrer Wohnung
eine längliche Präsentationsfläche ausgesucht haben, reihen
Sie die Weinflaschen in gleichmäßigen Abständen auf.

4. Stecken Sie in jede Weinfla-
sche einen Gartenfuchsschwanz.
Die Stiele sollten bis an die
Flaschenböden reichen, da andernfalls die abfließende Bewe-

gung des Gartenfuchsschwanzes
das Gleichgewicht beeinträchtigen kann.

5. Ergänzen Sie jetzt die Fla-
schenfüllungen mit jeweils ein
bis zwei Gräsern.

6. Um die abfließende Bewegung des Gartenfuchsschwanzes
zu unterstreichen, stecken Sie
abschließend Zierspargelzweige
hinzu.

Tipp:
Die Flaschenreihung eignet
sich besonders gut für eine
Fensterbankgestaltung oder
als Mittelpunkt eines Büfetts.

Herzenskelche – Glas im Glas

■ **Material**
5 Stiele Herzenskelche
3–4 Stiele glanzblättriger
Zierspargel
Efeuranken
grüne Bohnen
Steine
7–8 Reagenzgläser
quadratisches oder längliches
Glasgefäß

1. Setzen Sie die Reagenzgläser in das Glasgefäß ein und richten Sie diese mithilfe der Steine gerade stehend aus.

2. Füllen Sie die Reagenzgläser bis zur Hälfte mit Wasser auf.

3. Streuen Sie die grünen Bohnen in das Glasgefäß.

4. Entfernen Sie beim Zierspargel alle Blätter, sodass nur noch die nackten Ranken zu sehen sind.

5. Stecken Sie die Herzenskelche Stiel für Stiel in die Reagenzgläser. Achten Sie darauf, alle Blüten in eine Bewegungsrichtung zu drehen.

6. Verteilen Sie einige der Zierspargelranken in die restlichen Reagenzgläser. Diese sollten dieselbe Bewegungsrichtung einnehmen wie die Herzenskelche.

7. Winden Sie die restlichen Zierspargelranken um die Stiele

der Herzenskelche und lassen Sie diese mit den anderen Ranken auf einer Seite abfließen.

8. Abschließend können Sie Efeu mit einarbeiten; vergessen Sie nicht, dass auch hier die Bewegung nur auf eine Seite ausgerichtet sein sollte.

Tipp:
Generell kommen Herzenskelche am besten zur Geltung, wenn Sie alleine wirken können. Lediglich sparsam eingesetztes Schnittgrün verstärkt ihre Wirkung.

Tulpengrüße

■ **Material**
20 gelbe Tulpen
15 Typhablätter
3–5 Euphorbienzweige
11 Reagenzgläser
Ziegelstein
Wasserfarbe Gelb
Pinsel
Bunte Perlenspiralen

1. Versorgen Sie Blumen und Schnittgrün wie auf S. 16–23 beschrieben.

2. Bemalen Sie den Ziegelstein mit gelber Wasserfarbe und lassen Sie diese trocknen.

3. Stecken Sie die Reagenzgläser gleichmäßig verteilt in die Löcher des Ziegelsteins und füllen Sie diese mit Wasser.

4. Verteilen Sie die Tulpen in die Reagenzgläser. Die Blüten können gleichmäßig verteilt oder gruppiert werden.

5. Ergänzen Sie die Gestaltung mit Euphorbienzweigen und Typhablättern. Die Euphorbienzweige werden im unteren Bereich des Werkstücks eingesetzt. Sie benötigen kein Wasser und müssen deswegen nicht tief in die Reagenzgläser gesteckt werden.
Die Typhablätter unterstreichen die Bewegung der Tulpen; sie werden in alle Richtungen, insbesondere quer in die Gestaltung eingesetzt. Möchten Sie zwei Blätter zusammenstecken, schneiden Sie in ein Blatt einen 2 bis 3 cm langen Schlitz und stecken die Spitze eines zweiten Blattes hindurch. Typhablätter sind sehr elastisch und lassen sich ausgesprochen gut bearbeiten.

Tipps:
● Kontrollieren Sie den Wasserstand täglich, da Tulpen sehr viel Wasser benötigen.
● Tulpen wachsen auch in der Vase noch weiter und tendieren dazu, die ursprüngliche Gestaltung zu „sprengen". Deshalb sollten sie etwa alle zwei Tage mit dem Messer nachgekürzt werden.

6. Abschließend können Sie Ihr Werkstück mit Perlenspiralen schmücken. Schieben Sie hierfür die Spiralen vorsichtig zwischen die Tulpenstiele und lassen Sie die Enden frei hängen.

3. Schneiden Sie den Anthurienstiel schräg mit dem Messer an. Setzen Sie die Anthurienblüte in die Vase, sodass die Blüte komplett im Gefäß versinkt.

4. Nehmen Sie die zweite Vase und legen Sie die Maisblätter kreisförmig in das Gefäß. Dabei sollten die breiten Flächen an den Seiten zu sehen sein.

5. Legen Sie einen Stein in die Vase. Schieben Sie die Typhablätter zwischen die Maisblätter. Formen Sie aus den Blättern einen Bogen und winden Sie die Enden zur gegenüberliegenden Seite.

6. Vollenden Sie die Gestaltung mit zwei bis drei kleinen Euphorbienzweigen.

Anthurie schlicht für sich

■ **Material**
1 Anthurienblüte
4 Typhablätter
2 Maisblätter
3 Euphorbienzweige
2 Steine
2 zylindrische Glasvasen

1. Nehmen Sie die erste Vase und legen Sie einen Stein hinein; füllen Sie die Vase bis zur Hälfte mit Wasser.

2. Stecken Sie zwei bis drei kleine Euphorbienzweige in die Vase.

Tipps:
● Eine Anthurienblüte ist lange haltbar, wenn Sie den Stiel alle drei bis vier Tage frisch anschneiden.
● Diese schlichte Gestaltung kann beispielsweise mit Holz und samtigen Stoffen kombiniert werden.

Gras im Glas

■ **Material**
2 Bunde Bärengras
40–50 bunte Glasschmetterlinge
oder Glasperlen
Kieselsteine oder Murmeln
weicher Silberdraht
2 längliche Glasgefäße

1. Drehen Sie sich mithilfe eines
Besenstiels zwei Spiralen
aus Silberdraht. Der Durchmesser sollte etwa 1,5 cm, die
Länge der Spirale etwa 10 bis
12 cm betragen.

2. Ziehen Sie durch jede Spirale
ein Bund Bärengras. So erhalten
Sie „wilde" Grasbüschel, die
nach oben auseinander fallen,
jedoch am Ende durch die Spiralen festgehalten werden.

3. Schneiden Sie die Bärengras-
büschel unterhalb der Spirale
gerade mit der Gartenschere ab,
damit sie einen gleichmäßigen
Abschluss erhalten.

4. Stellen Sie die Bärengrasbü-
schelung in das Glasgefäß
und fädeln Sie vorsichtig Glasschmetterlinge beziehungsweise
Glasperlen in die einzelnen
Gräser ein. Die Schmuckelemente sollten in verschiedenen
Abständen die Grasbüschel
akzentuieren.

5. Um das Bärengras im Glasgefäß zu fixieren, können Sie
Murmeln oder Kieselsteine hin-
einlegen.

6. Abschließend füllen Sie beide
Glasgefäße mit Wasser auf,
damit die Bärengräser lange
saftig grün bleiben.

Tipps:
● Platzieren Sie die Glasgefäße leicht versetzt hinterein-
ander, sodass sich die Gräser
optisch überschneiden.
● Die natürliche Grasbewe-
gung sollte sich locker entfalten können.

Der Frühling kommt

■ Material

5 Schalen Keimlinge (z. B. Rettich, Kichererbsen, Weizen, Sonnenblumen)
1 Netz Schalotten
10 rote Äpfel
10 Stiele glanzblättriger Zierspargel
10 Reagenzgläser
8 Glasvasen in verschiedenen Größen
Apfelstecher

Tipps

● Verschiedene Gruppierungen wirken spannungsreicher und damit interessanter als eine gleichmäßige Streuung der Gefäße.
● Diese frühlingshafte Gestaltung lässt sich im Handumdrehen zaubern, so z. B. für einen Brunch mit Freunden oder für eine Gartenparty.

1. Entfernen Sie das Kerngehäuse der Äpfel mit dem Apfelstecher oder Messer und stecken Sie die Reagenzgläser in die so entstandenen Öffnungen.

2. Füllen Sie die Reagenzgläser zu etwa zwei Dritteln mit Wasser.

3. Nehmen Sie die Glasvasen und füllen sie diese mit den diversen Keimlingen und den Schalotten auf.

4. Verteilen Sie die Äpfel mit Reagenzgläsern in den Glasvasen beziehungsweise auf dem Tisch.

5. Entfernen Sie die meisten Blätter von den Zierspargelranken. Ergänzen sie jetzt Ihre Gestaltung mit diesen Ranken. Stecken Sie die Stiele in die Reagenzgläser und lassen Sie die Ranken über das Arrangement ebenso wie über den Tisch fließen.

Gerbera in Eiswürfelformen

■ Material

4–7 Stiele Gerbera in
verschiedenen Farben
Silberdraht dick und dünn
Eiswürfelformen aus Kunststoff
in verschiedenen Farben
1 kleine Tüte Gips
Eimer, Löffel
Wasserfarben, Pinsel
Pappe, Filz, buntes Papier
Streuholzteile in Herzform
Heißklebepistole
4–7 Reagenzgläser

Die Gipsfüße

1. Schneiden Sie je nach
Blumenmenge die benötigten
Eiswürfelformen auseinander.

2. Rühren Sie nach Hersteller-
angaben eine kleine Menge Gips
in einem Eimer an.

3. Füllen Sie die Eiswürfelformen
mit Gipsmasse auf und stecken
sie die Reagenzgläser gerade in
die Formen hinein.

4. Lassen Sie die Reagenzgläser
mit den Gipsfüßen stehen, bis
der Gips trocken ist.

5. Bemalen Sie die Gipsober-
flächen mit bunten Wasserfarben Ihrer Wahl.

Die Herzchendekoration

1. Schneiden Sie aus Pappe verschiedene Ringe mit einem
Durchmesser von 3 bis 4 cm.

2. Bekleben Sie die Pappringe
von beiden Seiten jeweils
mit einer Sorte buntem Papier
oder Filz.

3. Umwickeln Sie die Pappkreise
mit dünnem Silberdraht so, dass
die innere Öffnung frei bleibt.

4. Stülpen Sie die Pappringe
über die Reagenzgläser auf die
Eiswürfelformen und kleben
Sie mit Heißkleber einige Holz-
herzen auf die Kreise.

5. Drehen Sie aus dem dickeren
Silberdraht kleine Spiralen
mit abstehenden Enden, die jeweils 5 bis 10 cm aus der Spirale
ragen. Drücken Sie die Spirale
zusammen. Am einfachsten fertigen Sie die Spiralen, indem Sie
einen dicken Stift umwickeln.

6. Biegen Sie aus den Drahtenden kleine Haken, auf denen
Sie mit der Klebepistole Holz-
herzen fixieren. Lassen Sie die
Drahtenden leicht schwingen.

Die Blumen

1. Versorgen Sie die Gerberablü-
ten wie auf S. 18 beschrieben.

2. Füllen Sie die Reagenzgläser zu etwa zwei Dritteln mit
Wasser.

3. Schieben Sie die Spiralen über
die Öffnungen der Reagenzgläser. Danach stecken Sie die
gekürzten Gerberastiele in
die Reagenzgläser.

Leuchtende Fackellilien in Knöterichstangen

■ **Material**
8–10 Fackellilien
5–7 Galaxblätter
10–15 Knöterichstangen
8–10 weiße Miniauberginen
quadratisches oder längliches
Glasgefäß
Heißklebepistole

1. Schneiden Sie die Knöterichstangen in verschieden große
Stücke von etwa 8 bis 16 cm
Länge mit der Gartenschere zurecht. Die Schnittfläche sollte
gerade und eben sein.

2. Stellen Sie den Knöterich
Stange an Stange, aufrecht stehend und dicht nebeneinander
in das Glasgefäß, bis es voll-
ständig gefüllt ist.

3. Fixieren Sie die weißen Miniauberginen auf einigen Knöterichstangen mithilfe des Heiß-
klebers. Achten Sie dabei auf
eine harmonische Verteilung.

4. Schneiden Sie die Fackellilien
schräg an und schieben Sie
die glatten Stiele zwischen die

Knöterichstangen, sodass diese
mit Wasser versorgt werden.
Verfahren Sie ebenso mit den
Galaxblättern.

5. Füllen Sie das Glasgefäß bis
zur Hälfte mit Wasser auf.

Tipp:
Die Knöterichstangen können
Sie nach dem Verblühen der
Fackellilien weiterhin im
Glasgefäß stehen lassen.
Auch im getrockneten Zu-
stand wirken diese immer
noch sehr interessant. Das
Wasser im Glasgefäß sollten
Sie allerdings unbedingt ent-
fernen, um Fäulnisbildung
zu vermeiden.

Calla und Schachtelhalme

■ **Material**
7 Stiele gelbe Callas
2 Bunde Schachtelhalme
6–7 exotische Fruchtstände
(z. B. Sternenfrüchte)
zylindrische Glasvase

1. Versorgen Sie die Callablüten wie auf S. 17 beschrieben.

2. Stecken Sie ein bis zwei Bunde Schachtelhalme in einen Glaszylinder, die Menge der Schachtelhalme ist abhängig von dem Durchmesser des Gefäßes. Die Schachtelhalme müssen die ganze Glasvase ausfüllen, sodass nur noch die Stiele der Callas und die Fruchtstände darin Platz finden. Wichtig ist, dass im Glaszylinder eine leichte Spannung entsteht, damit sich die Schachtelhalme nicht nach oben bewegen, sobald die Vase mit Wasser aufgefüllt wird.

3. Knicken Sie 10 bis 12 Schachtelhalme oberhalb der Vase vorsichtig um, schieben Sie diese quer durch die aufrecht stehenden Stiele hindurch, damit sie auf der anderen Seite herausragen.

4. Verteilen Sie die geschwungenen Callas aus der Mitte der Schachtelhalme heraus, sodass die Blüten verschiedene Bewegungsrichtungen einnehmen.

5. Achten Sie darauf, die Callas in verschiedenen Höhen zurechtzuschneiden. So gewinnt das Zusammenspiel zwischen strengen Schachtelhalmen und edlen Blüten an Spannung und wirkt dadurch noch interessanter.

6. Abschließend setzen Sie die Fruchtstände Ihrer Wahl wie bereits die Callablüten in die Glasgefäßfüllung ein.

Tipp:
Dieses Werkstück sollten Sie unbedingt in einem Glasgefäß arbeiten, da nur so die Vasenfüllung ober- und unterhalb des Vasenrandes ihre ganz eigene Wirkung entfalten kann.

Goldener Herbst

■ Material

6–8 Gräser Ihrer Wahl
5 Stiele Goldrute
10 Stiele Winterrosette
5 Stiele Gemeiner Schneeball
(Viburnumbeeren)
7 Stiele Rosen
5 Ranken Wilder Wein
3–5 Stiele glanzblättriger Zierspargel
5–7 kleine Äpfel
Schaschlikspieße
Bindebast

1. Versorgen Sie Blüten, Gräser und Ranken wie auf S. 16–23 beschrieben.

2. Sortieren Sie die verschiedenen Materialien auf dem Tisch, entfernen Sie die Stiele von Blättern und Stacheln.

3. Binden Sie nach der auf S. 26 angeführten Grundanleitung einen Strauß. Beachten Sie beim Binden eines Straußes stets die natürliche Wuchsrichtung; Schnittblumen mit aufstrebender Linienführung (in diesem Fall die Goldrute) sollten in die Straußmitte eingearbeitet werden. Schnittblumen mit runden, lagernden Blüten (in diesem Fall die Rosen) können Sie ebenso wie Blätter durch tiefere Anordnung im Straußinneren einstreuen. Blüten, Ranken und Rispen mit ausschwingender Wirkung sollten Sie aus den äußeren Partien des Straußes herausfließen lassen, damit dieser eine natürliche Wirkung bekommt.

Tipp:
Zusätzlich können Sie kleine Äpfel auf Schaschlikspieße stecken und in den Strauß mit einbinden.

Blütenbogen

■ Material

1 Bund Hagebuttenzweige
12 Lampionblumen
6–7 Rosen
10 Stiele Goldrute oder
Ginster
10 Gräser Ihrer Wahl
4 Stiele Korallenfarn
8 Stiele Spargelkraut
8 Galaxblätter
6 Typhablätter
1 Ziegel Steckmasse
Schmuckdraht
2 mittlere Glasvasen

1. Versorgen Sie die Schnittblumen wie auf S. 16–23 beschrieben und entfernen Sie die Blätter der Hagebuttenzweige.

2. Schneiden Sie die Steckmasse mittig durch und weichen

Sie beide Teile wie auf S. 12 beschrieben ein.

3. Formen Sie die eingeweichte Steckmasse mit dem Messer passend in die Vasen, sodass die Steckmasse 2 bis 3 cm über dem Vasenrand steht. Schrägen Sie die Seiten ab.

4. Stellen Sie die beiden Vasen in einem Abstand von ca. 40 cm nebeneinander auf. Stecken Sie die Hagebuttenzweige tief in die Steckmasse und bilden Sie mit diesen einen Bogen von einer Vase zur anderen. Binden Sie die Hagebuttenzweige mit Schmuckdraht zusammen, wenn diese sich nicht elastisch als Bogen formen lassen.

5. Gestalten Sie den Bogen mit weiteren Blüten, Blättern und Gräsern. Achten Sie stets darauf, dass die Form gleichmäßig bleibt und die beiden Gefäße in die Gestaltung einbezogen werden.

6. Nehmen Sie etwa 2 m Schmuckdraht und 12 einzelne Lampionblumen. Umwickeln Sie die Blütenstiele fest mit dem Draht und fertigen Sie drei bis vier Ketten, die der Länge des Bogens entsprechen.

7. Legen Sie die Ketten vorsichtig über den Bogen und befestigen Sie die Ketten an den Zweigen mit Schmuckdraht.

8. Füllen Sie die Gefäße seitlich der Steckmasse mit Wasser auf.

Tipps:

● Da der Bogen sich nur schwierig transportieren lässt, sollten Sie dieses Werkstück vor Ort gestalten.
● Mit Spargelkraut, das an den Gefäßen herunterfließt, können Sie die Gefäße verstärkt in die Gestaltung einbeziehen.
● Statt der Lampionblumen können Sie auch Hagebutten oder Beeren für die Ketten verwenden.

Herbstlicher Hagebuttenstrauß

■ **Material**

25–30 Hagebutten
2–3 Stiele grüne Datteln
40 Galaxblätter
10 Stiele Hopfenranken
10 Blätter Wilder Wein
25–30 Schaschlikspieße
Schmuckdraht, feiner Myrtendraht; stabiler geglühter Ochsendraht
Naturbast

1. Entfernen Sie die Stiele der Hagebutte so, dass Sie nur die rote Frucht in der Hand halten.

2. Stecken Sie einen Schaschlikspieß in die Unterseite der Hagebuttenfrucht.

3. Umwickeln Sie die Hagebutten tütenförmig mit einem Galaxblatt. Am unteren Drittel befestigen Sie das Galaxblatt am Schaschlikspieß mit einer feinen Drahtspirale. Bereiten Sie auf diese Weise etwa 25 bis 30 dieser Tüten vor.

4. Entfernen Sie Blätter und Blüten von etwa 10 Hopfenranken.

5. Legen Sie zwei Hopfenranken zu einem Ring zusammen. Der Durchmesser sollte ca. 12 bis 15 cm betragen. Schlingen und winden Sie die restlichen Hopfenranken um den Ring.

Damit dieser sich nicht auflöst, können Sie ihn zusätzlich an einigen Stellen mit Myrtendraht fixieren.

6. Der Hopfenkranz wird an der Unterseite an drei bis vier Stellen mit Ochsendraht gestützt; diesen Draht verbinden Sie im unteren Drittel miteinander, sodass ein Gerüst entsteht.

7. Halten Sie das vorbereitete Gerüst an den Drähten fest. Die Drähte liegen nun in Ihrer Hand und der Hopfenkranz befindet sich über Ihrem Handballen.

8. Schieben Sie nach und nach im Wechsel Hagebutten und Dattelzweige zu einer Kuppel in das vorbereitete Hopfen-Drahtgerüst hinein.

9. Als Abschluss können Sie Galaxblätter und Wilden Wein oberhalb und unterhalb des Hopfenringes einarbeiten.

10. Binden Sie unterhalb des Hopfenringes die Stiele des Straußes mit Naturbast fest zusammen, danach schneiden Sie die Stiele auf gleiche Länge mit einer Gartenschere ab.

Tipps:
● Der Hagebuttenstrauß wirkt ganz besonders als Tisch- oder Raumdekoration zu einem rustikalen Herbstessen.
● Sie können die Schaschlikspieße im Naturton belassen oder mit Wasserfarbe vor der Verarbeitung bemalen.
● Um diesem kuppelförmigen Strauß etwas Glanz zu verleihen, können Sie ihn mit Kupferschmuckdraht veredeln, den Sie kreuz und quer über das Werkstück spannen.

Kranz aus Schachtelhalmen

■ Material
1–2 Bunde Schachtelhalme
8–10 Euphorbienzweige
10–15 kleine Dattelzweige
5–6 Limetten
Schmuckdraht Kupfer
zylinderförmiges Glasgefäß
flache, runde Glasschale
Ø 34 cm

1. Legen Sie zwei Schachtelhalme zusammen und formen daraus einen Ring.

2. Fixieren Sie die Endpunkte des Ringes mit einem Stück Schmuckdraht.

3. Schieben und winden Sie die weiteren Schachtelhalme vorsichtig durch die kreisförmigen Halme hindurch. Beachten Sie, dass die Schachtelhalme frisch sein müssen, nicht getrocknet, da sie sonst beim Winden brechen. Sie benötigen etwa 25 bis 30 Halme, um eine schöne Rundung zu erhalten. Eine gleichmäßige Verteilung ist wichtig, damit der Kranzkörper rundum die gleiche Stärke aufweist.

4. Drücken Sie beim Winden den Kranz wiederholt mit beiden Händen in die gewünschte Form.

5. Die Enden der Halme verbergen Sie jeweils in den Windungen. Keinesfalls dürfen diese aus dem Kranz herausprießen, da sonst die runde Form verloren geht.

6. Umwickeln Sie kurz geschnittene grüne Dattelzweige mit Schmuckdraht und bilden Sie so eine Kette.

7. Legen Sie die aufgefädelten Datteln um und auf den Kranzkörper und fixieren Sie die Schmuckdrahtenden an einem Schachtelhalm.

8. Teilen Sie die getrockneten Euphorbien in kleine Zweige, die Sie in einer Bewegungsrichtung auf den Kranz legen. Die Enden der Euphorbienstiele winden sie leicht in den Kranzkörper ein.

9. Mit Schmuckdraht umwickeln Sie den Kranzkörper, um die Euphorbien zu befestigen. Achtung! Winden Sie den Schmuckdraht locker um den Kranz, damit dieser nicht zusammengeschnürt wird.

Gestaltungsvorschlag 1
Legen Sie den Schachtelhalmkranz in eine flache Glasschale und platzieren Sie einzelne Limetten in die Mitte des Kranzes. Mit diesen schaffen Sie wiederum eine farbliche Verbindung zu den grünen Datteln.

Gestaltungsvorschlag 2
Setzen Sie den Schachtelhalmkranz auf eine zylinderförmige Glasvase; seitlich stecken Sie gebündelte Schachtelhalme in das Glasgefäß.
Legen Sie Limetten in das Glasgefäß, damit können Sie die Schachtelhalmbündelung stützen und eine farbliche Verbindung zu den im Kranz eingearbeiteten Datteln erzielen.

Geflochtenes Blütenschiff

■ Material

10 Stiele gelbe Callas
3 Bund Typhablätter
5 Galaxblätter
5 Rhipsaliszweige
5 getrocknete Euphorbienzweige
2–3 Zweige rote Beeren
(z. B. Vogelbeeren)
10 mittelgroße grüne Äpfel
20–30 kleine grüne Äpfel
Apfelstecher, Schmuckdraht
1 m kleinmaschiger Gartenmaschendraht Grün
1 Rolle Wickeldraht Grün
10 Reagenzgläser,
lange Aluschale

1. Formen Sie aus Maschendraht eine Schiffsform (Höhe 15 cm, Breite 20 cm, Länge 40 cm). Die Maschendrahtecken werden nach innen geknickt beziehungsweise gedrückt; so erhält die Form ihre Stabilität. Drehen Sie das Schiff um und arbeiten Sie zunächst die Außenseiten.

2. Hierfür flechten Sie die Typhablätter von unten nach oben durch den Maschendraht. Beginnen Sie mit den Längsseiten und arbeiten Sie sich jeweils von der Mitte ausgehend nach rechts beziehungsweise links vor.

3. Arbeiten Sie auf dieselbe Weise die Innenseite des Schiffes.

4. Wenden Sie sich jetzt den Schiffsenden zu. Drehen Sie hierfür das Gerüst wieder um; die Öffnung zeigt nunmehr nach oben. Legen Sie die Typhablätter mittig auf die Kante und flechten Sie nun sowohl außen als auch innen die Enden nach unten. Die Blattspitzen können Sie in die bereits zuvor eingearbeiteten Blätter einflechten. Wichtig ist, dass die Oberfläche gleichmäßig abgedeckt und kein Draht mehr zu sehen ist.

5. Wenn Sie das Schiff mit den Blättern ausgearbeitet haben, können Sie noch einzelne Blätter einarbeiten, um die strenge Form punktuell aufzulockern.

6. Entfernen Sie mit dem Apfelstecher oder einem Messer das Kerngehäuse von 10 Äpfeln. Stecken Sie die Reagenzgläser in die so entstandenen Öffnungen.

7. Stellen Sie das Schiff auf die Aluschale und füllen Sie die Ränder der Aluschale mit kleinen Äpfeln auf.

8. Verteilen Sie die Äpfel mit den Reagenzgläsern gleichmäßig im Schiff; fügen Sie weitere Äpfel hinzu, sodass die Gläser sicher und stabil stehen.

9. Befestigen Sie die Euphorbienzweige mit Schmuckdraht an den Innen- und Außenseiten.

Achten Sie dabei darauf, dass die Transparenz der Innenseite nicht verloren geht.

10. Füllen Sie die Reagenzgläser zu zwei Dritteln mit Wasser.

11. Stecken Sie anschließend Blüten, Blätter, Zweige und Beeren in die Reagenzgläser. Sie können die Blüten und Blätter gruppieren oder gleichmäßig einstreuen. Wichtig ist, dass Ihr Schiff ein interessantes Innenleben hat.

Tipps:

● Typhablätter (Aristea africana) aus dem Blumenhandel lassen sich besser verarbeiten als die Blätter von Rohrkolbengewächsen, die Sie in der freien Natur finden.

● Mitunter lassen sich Stiele von Callablüten schlecht bearbeiten. Sie können die Stiele mit warmen Händen vorkneten und anschließend biegen.

● Das Blütenschiff lässt sich gut trocknen und kann später mit Zapfen oder getrockneten Blüten umgestaltet werden. So werden Sie an diesem etwas aufwendigeren Werkstück lange Zeit Ihre Freude haben.

Danksagung
Wir bedanken uns bei allen Personen, die mit vollem Einsatz an diesem Buch mitgewirkt haben.
Besonders danken wir Benno Klix, Uwe Telgkaemper, dem H & H Presse Büro Berlin Udo Hildenstab
sowie der Ausbildungsgruppe des bbw BK 926, Geneststrasse 5–6 Berlin.

Die Deutsche Bibliothek – CIP-Einheitsaufnahme
Ein Titeldatensatz für diese Publikation ist bei Der Deutschen Bibliothek erhältlich.
ISBN 3-332-01324-6

www.dornier-verlage.de
www.urania-ravensburger.de
1. Auflage Februar 2002
© 2002 Urania Verlag, Berlin
Der Urania Verlag ist ein Unternehmen der Verlagsgruppe Dornier.
Alle Rechte vorbehalten
Umschlaggestaltung: Behrend & Buchholz, Hamburg
Fotos: die licht gestalten, Berlin
Zeichnungen: Martin Schulze, Berlin
Lektorat: Claudia Huboi, Berlin
Gestaltung und Layout: tiff.any GmbH, Berlin
Druck: Sachsendruck, Plauen
Printed in Germany

Gedruckt auf alterungsbeständigem Papier mit chlorfrei gebleichtem Zellstoff.

Die Schreibweise entspricht den Regeln der neuen Rechtschreibung.